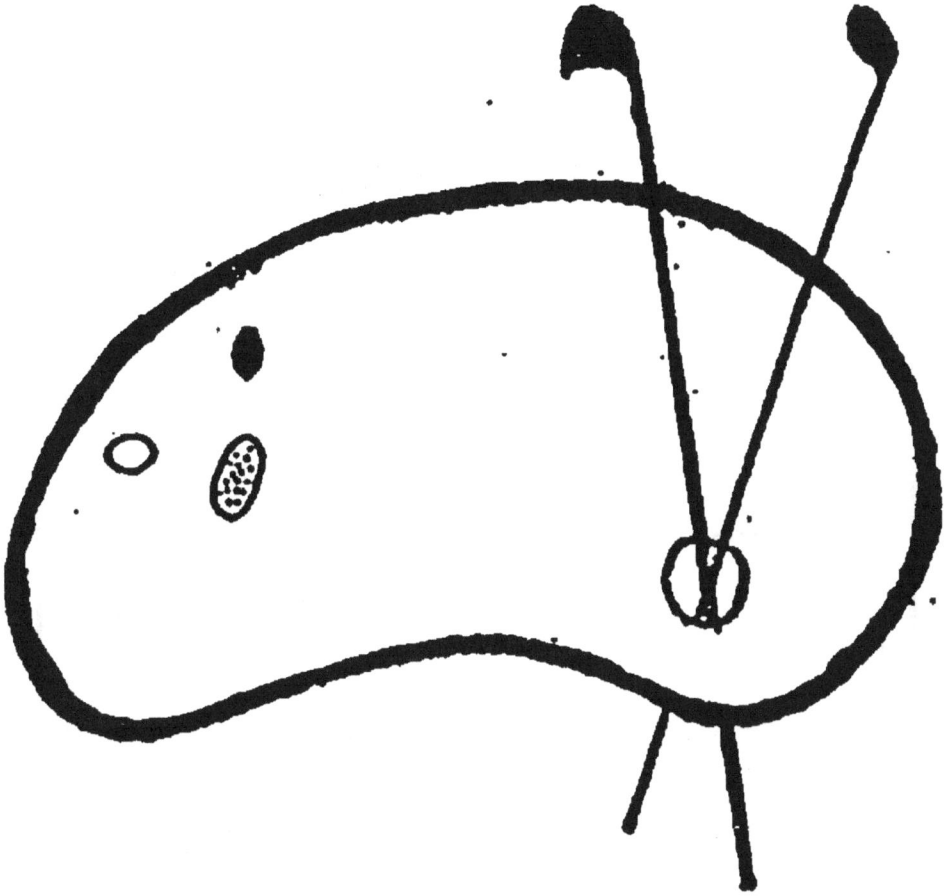

DEBUT D'UNE SERIE DE DOCUMENTS
EN COULEUR

PETIT MANUEL

DE MORALE

(LES PRINCIPES DE LA PHILOSOPHIE MORALE)

PAR

Claude-Charles CHARAUX,

PROFESSEUR DE PHILOSOPHIE A LA FACULTÉ DE GRENOBLE.

Résumer, Semer.

TROISIÈME ÉDITION.

PARIS

A. DURAND ET PEDONE-LAURIEL

13, RUE SOUFFLOT, 13

1883

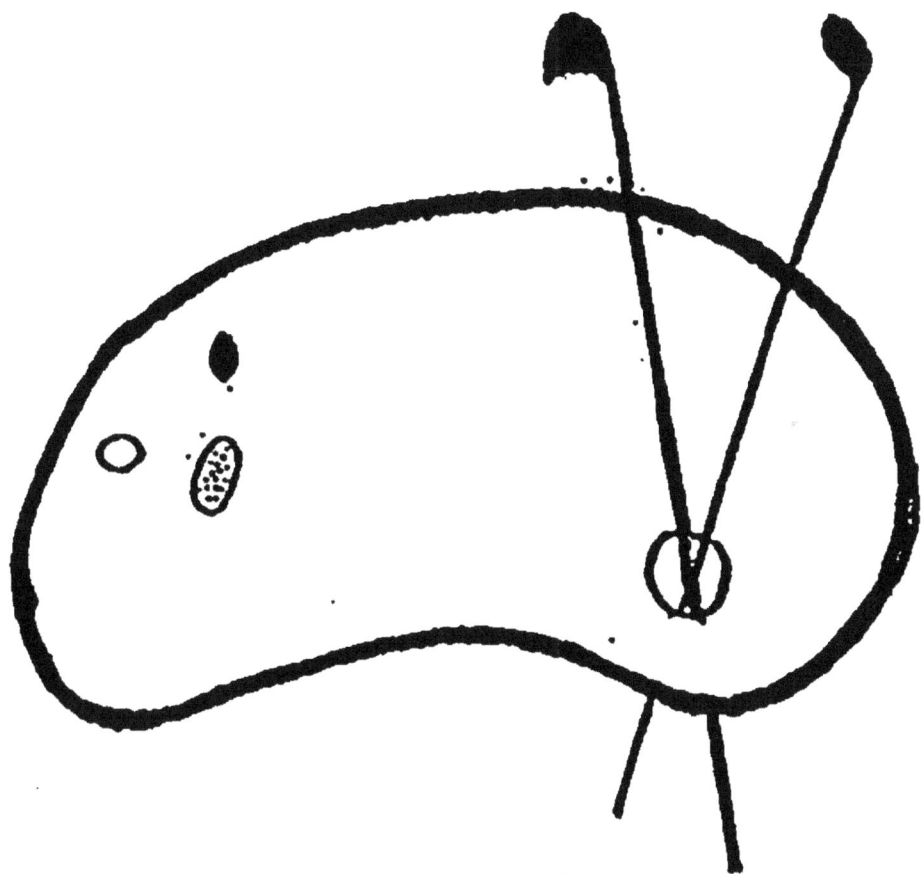

FIN D'UNE SERIE DE DOCUMENTS
EN COULEUR

PETIT MANUEL

DE MORALE

(LES PRINCIPES DE LA PHILOSOPHIE MORALE)

PAR

Claude-Charles CHARAUX,

PROFESSEUR DE PHILOSOPHIE A LA FACULTÉ DE GRENOBLE.

Résumer, Semer.

TROISIÈME ÉDITION.

PARIS

A. DURAND ET PEDONE-LAURIEL

13, RUE SOUFFLOT, 13

1883

PRÉFACE

Ce petit Manuel reproduit exactement, à quelques retranchements près, un livre (1) qui, depuis plusieurs années, n'était plus dans le commerce. Il n'aspire à remplacer aucun des Traités ou Manuels de morale actuellement en usage dans les écoles, mais il peut, dans sa forme réduite, trouver place à côté d'eux, soit pour résumer, soit pour semer. Sa seule prétention est d'exposer les Principes, rien que les Principes. On est bien près de connaître la Morale tout entière, quand on s'est exercé à les voir dans leur suite et leur rigoureux enchaînement. On est plus disposé à lui obéir, quand on croit, de toute son intelligence et de tout son cœur, aux vérités sur lesquelles elle repose.

Grenoble, le 1er juin 1883.

(1) Les Principes de la philosophie morale, 2e édition, 1869.

MORALE GÉNÉRALE.

———›–¥–‹———

CHAPITRE PREMIER.

DE LA SAGESSE.

La Sagesse consiste à connaître Dieu, à se connaître soi-même, et à se diriger dans la vie par cette double connaissance.

C'est dans le monde, et surtout dans l'homme, que Dieu se manifeste à nous, et qu'il nous est possible de le connaître.

L'homme est composé de deux parties, l'âme et le corps.

Le corps est matière : il est divisible, étendu, voué au changement et à la destruction.

L'âme est esprit : elle est une, simple, inétendue, immatérielle, immortelle.

Invisible et toujours présente, elle gouverne le

corps auquel l'enchaînent des liens étroits et mystérieux (1).

Chef-d'œuvre d'un art parfait, le corps humain (2) résume ou renferme en lui toutes les
natures inférieures; il prête à l'âme le concours
des sens et de leurs organes, et il l'aide ainsi à
exercer les opérations qui lui sont propres.

L'âme douée d'une activité continuelle manifeste son intime énergie par trois facultés, c'est-à-
dire trois forces étroitement unies et toujours com-
binées: la faculté de sentir dont l'amour est le fond,
— la faculté de penser dont la raison est l'élément
principal, — la faculté de vouloir dont la liberté
est le caractère essentiel.

Invisible et partout présent, Dieu conserve et
gouverne, par sa Providence, le monde qu'il a créé
par un acte libre de sa pensée et de son amour.

En Dieu donc est la source ou le principe de la
pensée, de l'amour et du vouloir. Il possède, dans
leur perfection, outre une foule d'autres, ces trois
attributs qu'il communique à l'âme humaine dans
la mesure qu'il lui plaît.

(1) « L'âme et le corps forment un tout naturel » (Bossuet.)

(2) Les savants donnent quelquefois au corps humain le
nom de *microcosme*, c'est-à-dire petit monde, univers en
abrégé.

CHAPITRE II.

DE LA MORALE, PARTIE ESSENTIELLE DE LA SAGESSE.

Tout homme doit étudier la Sagesse, puisque tout homme créé à l'image de Dieu a pour fin ici-bas de développer en lui la divine ressemblance.

Par là nous contribuons à l'ordre universel. Cet ordre consiste dans l'accomplissement des fins diverses assignées par le Créateur aux diverses créatures.

L'ordre et le bien sont identiques, c'est-à-dire sont une seule et même chose. Tout ce qui est dans l'ordre est bien, rien n'est bien s'il n'est dans l'ordre. Les sciences cherchent et découvrent l'ordre des choses, par l'ordre des observations et des pensées qu'on nomme *méthode*. Les arts s'efforcent de reproduire l'idéal, c'est-à-dire l'ordre au degré supérieur de la beauté. L'ordre est donc à la fois la fin et le moyen des arts et des sciences ; il est le fondement du beau et du vrai comme du bien.

Connaître l'ordre, c'est donc, en un certain sens, connaître Dieu. Vouloir l'ordre et le réaliser, c'est obéir à Dieu, ou plutôt c'est vouloir ce qu'il veut lui-même, conformément à son éternelle raison.

On est sage quand par la raison on connaît l'ordre, et quand on y concourt par le bon usage de la volonté.

La morale est précisément cette partie de la Sagesse qui dicte à la volonté humaine : 1º des règles immuables ; 2º d'utiles conseils.

_ On la divise en *morale générale*, ou science du bien et de l'ordre en général, et en *morale particulière*, ou science des devoirs proprement dits.

CHAPITRE III.

DE LA FIN DES ÊTRES.

(ORDRE, VERTU, PROGRÈS.)

L'ordre se réalise, dans les espaces célestes, par les lois immuables des mouvements et des nombres : sur la terre, chez les êtres inanimés, par les lois immuables de leur nature; chez les animaux, par les lois immuables de l'instinct.

L'homme seul, sur cette terre, possède le merveilleux privilège de concourir à l'ordre universel librement et avec conscience, c'est-à-dire connaissance de ce qu'il fait.

L'effort de l'homme pour réaliser l'ordre en lui, autour de lui, malgré tous les obstacles, c'est la *vertu*.

Il y a plus de grandeur dans un acte de vertu que dans tous les mouvements des soleils et des mondes, car l'un est libre, et les autres ne le sont pas.

L'effort des sociétés pour réaliser ici-bas de plus en plus l'ordre parfait, c'est le *progrès moral*, sans lequel le progrès matériel est stérile ou dangereux.

En effet, il est dans l'ordre que la matière obéisse à l'esprit, la force aveugle à la volonté intelligente. La fin du corps étant subordonnée à celle de l'âme, il en résulte que le progrès de l'âme mesure les autres progrès, et que tout recule quand elle cesse d'avancer.

Le progrès social a donc pour fondement le progrès individuel. C'est la vertu des citoyens qui fait la force et la grandeur d'un État.

Étudions plus particulièrement, dans l'âme humaine : la raison qui connaît l'ordre ou le bien, la volonté qui le réalise librement, la passion qui est, pour la volonté, tantôt un appui, tantôt un obstacle.

CHAPITRE IV.

LA RAISON.

La *raison* est la lumière de Dieu en nous. C'est la faculté que possède l'âme de former, à première vue, des jugements absolus, nécessaires, admis par tous les hommes, applicables à tous les temps et à tous les lieux.

En voici quelques-uns :

> *Il y a de l'ordre dans la nature.*
> *Tout être a une fin.*
> *Tous les corps sont étendus.*
> *Point d'effet sans cause.*
> *Le bien est distinct du mal.*
> *La vertu mérite récompense.*

Ces jugements ont reçu le nom de principes, vérités premières, axiomes.

Tous les autres jugements que nous formons dépendent de ceux-là, et les supposent.

Ils sont vrais s'ils s'y rapportent, ils sont faux s'ils les contredisent.

Les vérités premières ont leur origine et leur objet en Dieu, présent par elles dans notre intelligence. Dieu est le principe de tous les principes.

Le *bon sens*, c'est la raison discernant le vrai du faux dans la vie commune.

Le *sens commun*, c'est encore un nom particulier de la raison. Contredire le sens commun, c'est contredire une vérité universellement admise parmi les hommes, (ou généralement acceptée dans une société, dans un État.)

L'homme de bon sens est celui qui applique à propos, avec un jugement ferme et droit, les notions et les vérités de *sens commun* (1).

Enfin, on nomme *sens moral* le pouvoir naturel de discerner le bien du mal, d'aimer l'un, de détester l'autre. Le sens moral est perfectible. L'éducation, les bons exemples, l'examen fréquent de la conscience, la pratique journalière des moindres vertus peuvent beaucoup pour la délicatesse et le développement du sens moral.

(1) Voir au livre de *la Pensée*, la Conférence sur le Bon Sens et le Sens commun.

Il s'affaiblit au contraire et il s'émousse par la fréquentation des méchants, les mauvais exemples, la lecture des livres immoraux ou seulement frivoles, la négligence à s'observer et à rentrer en soi-même, le peu de résistance, dans les petites choses, à l'égoïsme et au mal.

CHAPITRE V.

LA VOLONTÉ LIBRE.

La *volonté* est le pouvoir que possède l'âme de se déterminer librement, de choisir entre deux ou plusieurs partis, mais surtout entre l'ordre et le désordre, entre le bien et le mal.

La *conscience*, c'est-à-dire la voix intérieure porte, à chaque instant, un témoignage invincible en faveur de la liberté.

Le témoignage unanime des hommes se joint à celui de la conscience. Toutes les langues, en effet, ont un mot pour exprimer la liberté.

Les contrats, les serments, les lois, les promesses en usage chez tous les peuples ; la louange et le blâme, le mépris et l'estime, toutes ces choses n'auraient aucun sens si nous n'étions pas libres.

Libre, l'homme est par suite *responsable*, responsable de son bon ou de son mauvais vouloir, des bonnes ou des mauvaises habitudes qu'il a contractées peu à peu, librement et avec réflexion.

Il *mérite* s'il fait le bien, il *démérite* s'il fait le mal. Le juste a droit à une récompense ; le coupable ne peut rentrer dans l'ordre que par le châtiment ou l'expiation.

C'est la raison qui nous révèle ces vérités, comme elle nous a révélé déjà la distinction du bien et du mal.

On nomme *fatalistes*, c'est-à-dire partisans du hasard, ceux qui nient la liberté pour n'avoir point à la diriger, pour échapper au noble mais lourd fardeau de la responsabilité. Les fatalistes manquent plus encore de courage que de lumières. Leurs actes d'ailleurs contredisent leurs paroles, et ils agissent comme les autres hommes, c'est-à-dire comme possédant pleinement leur liberté.

Éclairée par la raison, la volonté est de plus aiguillonnée par le sentiment, ou par la passion qui n'est qu'un sentiment plus durable ou plus violent. Toutes les passions, au nombre de onze principales (1), peuvent se ramener à l'amour qui est le fond même de la sensibilité (2).

CHAPITRE VI.

L'AMOUR ET LES PASSIONS.

L'amour est l'aspiration au bonheur. C'est le mouvement naturel de l'âme vers le bien parfait.

Les biens d'ici-bas ne sont tels que par leur rapport avec le bien parfait. C'est toujours lui que nous aimons en les aimant, que nous poursuivons en les poursuivant. Les sentiments et les passions qui dépendent de l'amour vrai sollicitent la volonté au bien. Elles ébranlent l'âme, sans la troubler.

(1) L'amour, la haine ; le désir, l'aversion ; la joie, la tristesse ; l'audace, la crainte ; l'espérance, le désespoir ; la colère.

(2) La haine qu'on a pour un objet ne vient que de l'amour qu'on a pour un autre (BOSSUET).

Par une admirable harmonie, à chaque idée ou jugement de la raison correspond un sentiment ou un amour. Au devoir de faire le bien correspond l'amour du bien, au devoir de servir la patrie, l'amour de la patrie. L'idée du bien accompli engendre dans l'âme une joie délicieuse, et il est rare que le souvenir d'une faute ou d'un crime ne ranime pas l'aiguillon du remords.

Un autre amour, que la conscience nous atteste, sans que la raison l'explique parfaitement, amour faux et corrompu, cherche à nous détourner du bien véritable, pour nous attacher à des biens prétendus.

Cet amour violent et déréglé engendre toutes les passions mauvaises, tous les troubles de l'âme, tous les désordres de la volonté.

Lui résister c'est la tâche de la volonté libre éclairée par la raison, soutenue par l'amour vrai. La vertu triomphe, mais non sans peine, de l'amour faux ou corrupteur.

Il y a donc en nous deux amours et une seule raison. Il en résulte qu'il faut subordonner, sans l'étouffer, le sentiment au jugement, la passion mobile et passagère à la raison calme et immuable.

———

Dès ici-bas l'homme a donc en lui comme un commencement de vie divine, puisqu'il concourt

avec intelligence, amour et liberté, à l'ordre universel. Son *droit* comme son *devoir* est de devenir de plus en plus semblable à Dieu ; de ce
droit et de ce devoir naissent tous nos droits et
tous nos devoirs. Mon devoir est de me conformer à l'ordre et au bien, mon droit c'est que
nul ne s'oppose à mon libre effort. Tous les hommes, en ce sens, ont les mêmes droits et les mêmes devoirs, puisqu'ils ont la même fin. A vrai
dire, le droit et le devoir sont inséparables, et
ne se conçoivent pas l'un sans l'autre.

CHAPITRE VII.

DU BIEN SUPRÊME.

La raison, entre autres principes premiers
nous découvre les suivants, étroitement unis :

Il existe une beauté parfaite,
Il existe une vérité parfaite,
Il existe un bien absolu, un ordre parfait.

Toute idée première implique donc, c'est-à-
dire renferme en soi l'existence nécessaire de son
objet.

En effet, tous les hommes admettent une beauté parfaite, règle du goût, inspiration du génie, et qui n'est pas seulement une idée, mais une réalité. C'est d'elle que s'inspirent les poètes, les artistes, les orateurs. L'idéal qu'ils contemplent doit posséder, dans leur perfection, l'unité, la vie, l'harmonie, la beauté qu'il communique à des degrés divers.

Tous les hommes cherchent ou invoquent la vérité, dont les sciences nous révèlent chacune un aspect différent. Ni les savants, ni la foule n'en appelleraient à la vérité, ne chercheraient la vérité, si la vérité n'était pas, si elle ne pouvait les éclairer et les entendre, si elle n'était réalité vivante.

De même pour l'idée du bien.

Qui pourrait, en effet, concevoir une force libre et intelligente obéissant à une abstraction, l'homme vivant, esclave d'une lettre morte, ma raison et ma volonté se soumettant à autre chose qu'à une raison parfaite et à une volonté toute-puissante?

Concluons : l'idée du beau, c'est l'idée de Dieu; l'idée du vrai, c'est l'idée de Dieu; l'idée du bien, c'est l'idée de Dieu.

Quiconque se dirige par l'idée du bien se dirige par l'idée de Dieu, et obéit à sa loi communément appelée *loi morale*.

Cette obéissance à la loi divine m'est d'autant

plus facile que ma pensée y voit l'œuvre d'une pensée parfaite, ma raison bornée l'œuvre d'une raison éternelle. L'amour en moi ébranle d'autant plus vivement la volonté, qu'au lieu de s'attacher (chose impossible) à l'idée abstraite du bien, c'est à l'auteur même du bien qu'il veut s'unir, à Dieu personnel et vivant, Providence paternelle. Il en coûte peu de rendre amour pour amour, et de payer à qui l'on doit tout le tribut d'une filiale obéissance.

CHAPITRE VIII.

LA LOI MORALE.

La *loi morale* est l'obligation imposée à l'homme de faire le bien, de se conformer à l'ordre établi par Dieu, voulu par Dieu, dans son éternelle raison. A la différence des lois humaines, elle est gravée, en caractères ineffaçables, dans toutes les consciences.

La loi morale est de plus *universelle*, c'est-à-dire qu'elle est la même pour tous les temps, pour tous les peuples et tous les pays.

Elle est *absolue*, c'est-à-dire qu'elle s'impose à nous tout entière, sans que jamais personne puisse la restreindre, la modifier, encore moins l'abroger.

Enfin, elle est plus *claire* que toutes les lois humaines ; celles-ci n'en sont que les traductions diverses, plus ou moins fidèles : elles tirent d'elle seule leur autorité.

Chacun de nous peut la lire à toute heure dans sa conscience ; et loin qu'elle ait besoin d'être commentée ou interprétée par des jurisconsultes ou des légistes, c'est à sa lumière que ceux-ci commentent et interprètent le texte des lois écrites.

La force et la durée de ces lois dépendent de leur conformité avec la loi morale ou loi divine. Plus elles s'en rapprochent et la traduisent fidèlement, plus il y a de bonheur pour les individus, de grandeur pour les peuples. Le législateur qui porterait atteinte à la loi morale, porterait atteinte à la sécurité de tous, au bon état de la société.

CHAPITRE IX.

DES DIVERS MOTIFS DE NOS ACTIONS.

(INTÉRÊT, PLAISIR.)

L'homme ayant pour devoir de concourir à l'ordre et d'accomplir le bien, tout motif d'action est légitime qui se subordonne à la loi morale, ou loi divine, ou loi du bien.

A vrai dire, l'utile ou l'intérêt n'est tel que par sa conformité avec le bien. Quelle chose, en effet, pourrait m'être utile, et aller en même temps contre la fin de ma nature, c'est-à-dire contre mon plus grand bien? Les seuls biens vraiment utiles sont ceux qui nous préparent ou nous assurent la possession du bien parfait.

Toutefois la poursuite des biens inférieurs et passagers n'est jamais interdite, pourvu qu'elle soit libre d'excès, exempte d'injustice. L'intérêt et le devoir sont étroitement unis : l'erreur et la passion peuvent seules les séparer quelquefois.

Si l'intérêt, de sa nature variable, personnel, passager, sans obligation comme sans mérite, n'a aucun des caractères de la loi, même de la loi humaine, que dire de l'agréable et du plaisir dont certains hommes, peu dignes de ce nom, feraient volontiers la règle unique de leur liberté? Quoi de plus fragile, de plus fugitif et souvent de plus amer que la volupté? Est-il rien qui nous ravale davantage au niveau des natures inférieures?

Le plaisir, comme disaient les anciens (1), n'est tout au plus qu'un assaisonnement; la véritable nourriture de l'âme, c'est le bien, c'est la vérité.

Résumons : la recherche de l'intérêt particulier, celle même d'un plaisir modéré, utile parfois pour délasser l'esprit et pour le retremper, cette recherche n'est nullement interdite. Il faut seulement veiller à ce que l'intérêt, ou le plaisir, n'entrave en rien la loi absolue de l'ordre et du bien.

(1) Cicéron, *Traité des Devoirs.*

CHAPITRE X.

DES SANCTIONS DE LA LOI MORALE ET DE L'IMMORTALITÉ DE L'AME.

On entend par sanction d'une loi l'ensemble des peines et des récompenses destinées à en assurer l'exécution.

L'utilité des diverses sanctions est évidente. Elles préviennent le mal par l'exemple, elles le réparent par la souffrance, elles rétablissent par l'expiation l'ordre troublé par la faute ou le crime.

Ici-bas la loi morale compte quatre sanctions principales :

Et d'abord, celle des lois humaines qu'on peut appeler *sanction légale :* elle est appliquée par les magistrats et les tribunaux.

En deuxième lieu, la sanction de l'opinion publique ou *sanction sociale.* Elle récompense les bons par la louange et l'estime, elle punit les méchants par le blâme et le mépris.

En troisième lieu, la *sanction naturelle* de nos actes. La santé, par exemple, est en général le fruit de la sobriété, l'aisance celui du travail.

Enfin la sanction de la conscience ou *sanction morale*. La joie et la paix de l'âme sont le partage de l'homme de bien; le remords est la plus cruelle punition du méchant.

Avouons-le toutefois, ces quatre sanctions sont insuffisantes.

La loi humaine ne punit pas toutes les fautes, elle ne récompense que peu de vertus.

L'opinion publique s'égare trop souvent : elle ignore ou elle se passionne. Elle refuse à la vertu modeste les louanges qu'elle accorde au vice audacieux ou hypocrite.

D'un autre côté la santé et la fortune sont loin d'être invariablement attachées à une vie tempérante et laborieuse.

La pointe même du remords s'émousse dans quelques âmes endurcies, et les joies de l'homme de bien sont souvent diminuées par les inquiétudes d'une conscience de jour en jour plus délicate. Or, l'ordre troublé doit être en tout point rétabli, et, puisqu'il ne l'est ici-bas qu'imparfaitement, il faut, de toute nécessité, qu'il le soit parfaitement dans un monde meilleur, où notre âme indivisible et simple, c'est-à-dire faite pour ne point mourir, recevra la peine ou la récompense méritée.

Fondée avant tout sur l'idée de la justice divine, la foi à l'immortalité est de plus conforme aux aspirations de notre nature morale : aucune d'elles n'est ici-bas entièrement satisfaite, pas plus le désir de connaître que le besoin d'agir ou d'aimer.

Enfin, elle est confirmée par le témoignage unanime des peuples, témoignage manifesté par leur culte pour les morts, leurs religions, leurs institutions, leurs philosophies.

Résumons : une vie sans fin, après la courte épreuve de cette vie, telle est la foi du genre humain, fondée sur le témoignage de la conscience, sur la justice de Dieu et sur son infinie bonté.

CHAPITRE XI.

DE DIEU.

Comprendre Dieu, ce serait connaître sa nature intime, ce serait pénétrer ses attributs, c'est-à-dire ses perfections.

Dieu seul se comprend parfaitement, parce que son intelligence est, comme son être, parfaite, infinie.

Entendre que Dieu est, c'est entendre qu'il existe un Dieu, et qu'il n'existe qu'un seul Dieu;

Pour nier Dieu, il faudrait fermer les yeux au spectacle de l'univers, où tant de merveilles proclament une cause d'une suprême intelligence, d'une souveraine puissance, d'une bonté inépuisable.

Il faudrait fermer ses oreilles au témoignage unanime des hommes attesté par les langues, les religions, les institutions, les philosophies.

Il faudrait surtout désavouer la raison, qui rattache invinciblement toute idée première et tout principe à un objet nécessaire de cette idée et de ce principe, qui ne conçoit les choses belles que comme le reflet d'une beauté parfaite, les vérités particulières que comme les divers aspects d'une vérité infinie, qui n'apprécie la bonté des actions que par leur rapport avec le bien absolu.

A qui fera-t-on croire que le monde soit peuplé d'effets sans cause, que le moins parfait ne procède pas du plus parfait, la vie à tous ses degrés de la vie dans sa plénitude, l'être par emprunt de l'Être par essence ?

Qu'est-ce que l'ordre sans un ordonnateur, la justice sans un Dieu souverainement juste ?

Les lois humaines, variables et imparfaites, auraient toutes des législateurs à leur taille ; et la loi morale dont elles émanent n'aurait pas un législateur immuable et parfait comme elle-même ?

Aussi n'y a-t-il point d'athées véritables ; pour abolir dans son âme la foi au Dieu personnel et vivant, il ne faudrait rien moins qu'y abolir la raison. Ceux-là mêmes que la corruption du cœur et une maladie de l'âme, comme dit Platon, entraînent à douter de Dieu, sont les premiers à l'invoquer à l'heure décisive des grandes douleurs ou des grands périls.

CHAPIRE XII.

RÉSUMÉ. — CONCLUSION.

La vie est une épreuve imposée par Dieu à l'homme, créature faite à son image, mais libre d'altérer ou de développer en elle la divine ressemblance.

La condition de l'épreuve, c'est l'obéissance à la loi morale ou loi de l'ordre et du bien.

Le prix, c'est le bonheur parfait, c'est-à-dire l'entière satisfaction de toutes les tendances légitimes de notre nature.

C'est la raison qui nous révèle la loi morale, c'est l'amour vrai qui sollicite la volonté à l'accomplir.

L'homme peut fermer les yeux à la lumière de la raison, et préférer, par un déréglement de l'amour, des biens passagers et trompeurs au seul bien éternel et véritable. Il est dans la main de son conseil, il est libre.

Le bon usage de la liberté, le triomphe de la volonté sur le mal, c'est la vertu.

Du nombre des hommes vertueux dépend le progrès moral des peuples, et ce progrès mesure tous les autres progrès.

L'homme donc, par un privilège admirable, peut et doit concourir à l'ordre universel, à l'œuvre divine. Aucun effort n'est perdu : le plus léger sacrifice d'un seul profite à l'humanité.

Que notre principal effort soit donc de développer en nous la raison, de purifier l'amour, de régler et de fortifier la volonté.

Pour posséder un jour le bien parfait auquel notre âme aspire, il faut, dès ici-bas, le connaître, l'aimer, le vouloir dans la mesure de nos forces.

Il faut nous élever vers lui avec lui, entendre

sa voix, la voix de la conscience et de la raison, répondre sans retard aux sollicitations de son amour, et dépenser à le servir, par la justice et la charité, cette force faite de sa force, et qu'on nomme la volonté libre.

II.

MORALE PARTICULIÈRE.

CHAPITRE PREMIER.

DE L'HOMME.

Tous nos devoirs sont, à proprement parler, des devoirs envers Dieu.

C'est à lui, en effet, que nous devons rapporter tout ce que nous sommes. Nous élever de plus en plus vers lui, telle est notre fin. A cette fin concourent notre corps, notre âme, la personne humaine tout entière.

Par la sobriété, par un travail réglé (1), mais constant, nous ferons du corps le serviteur docile de l'âme raisonnable. Il sera pour elle un auxiliaire, jamais un obstacle ou un danger.

---

(1) *Labor omnia vincit — Improbus.* Un travail persévérant triomphe de tous les obstacles.

Veiller sur ses sens, c'est veiller sur son âme,
c'est garantir sa pureté et sa dignité. Là où dominent les appétits grossiers, les passions vio-
lentes, la volonté perd bientôt sa force et la raison
sa lumière. On ne profane point le temple, sans
profaner aussi le sanctuaire, sans chasser le Dieu
qui l'habite.

Le respect qu'on n'a plus pour soi-même on ne
saurait l'accorder à ses semblables. Ainsi s'enchaînent les conséquences d'une première faute;
et l'outrage qu'on fait à son corps devient, si
l'on n'y prend garde, un outrage au corps entier
de l'humanité.

Quant à notre âme, il faut développer, dans un
harmonieux concours, les facultés admirables
dont la variété fait sa richesse, dont l'unité fait
sa force. Toutes lui sont nécessaires. Sans raison
point de ferme jugement; sans amour point de
vie et d'élan; sans volonté point de libre action.

Pour que l'intelligence ne perde pas le fruit de
ses efforts, pour qu'elle ne s'embarrasse pas dans
ses raisonnements, il faut qu'elle remonte sans
cesse aux principes, qu'elle s'éclaire sans cesse
de leur pure lumière. D'un autre côté, si l'amour,
cessant d'être l'amour chaste et vrai, s'attache,
en dépit de la raison, à des biens trompeurs, la
raison dont on n'use plus ou qu'on méconnaît
perd son légitime empire; son éclat diminue, ses

principes s'oublient, et, avec eux, s'effacent de plus en plus, dans l'âme dégénérée, les notions du bon sens, les jugements et les inspirations du sens moral.

Quelle grandeur, au contraire et quelle dignité dans l'homme qui, s'interrogeant lui-même et lisant, au plus intime de son âme, ses devoirs, ses droits, ses espérances, attache son amour au seul bien véritable et à ceux qui en préparent la possession, gouverne sa volonté par la seule raison, et donne à la raison elle-même, par l'amour du beau et l'étude du vrai, toute la perfection dont elle est capable !

Peut-on imaginer, sur cette terre, un spectacle plus digne d'attirer les regards, que celui de l'homme de bien aux prises avec la bonne ou avec la mauvaise fortune, maître de l'une comme de l'autre, parce qu'il l'est de ses affections, de ses désirs, de toutes ses facultés? S'il les soumet à son empire, c'est qu'il s'est lui-même soumis à Dieu dont il les a reçues, et qui les lui conserve, à Dieu qu'il ne craint pas d'appeler au secours de ses faiblesses et de ses défaillances. Sa vertu évite ainsi l'ordinaire écueil des vertus purement humaines : le découragement ou l'orgueil.

Nous allons traiter successivement des vertus qui font l'*homme,* dans toute la force de l'expression et, en particulier, de la justice et de la charité. Nous parlerons ensuite de la Famille, de la Cité, de l'État, c'est-à-dire des divers théâtres sur lesquels se développe notre liberté, et où l'homme, *vir* (1) des anciens, paraît dans toute la grandeur et toute la dignité de sa nature.

—◦◦×◦◦—

CHAPITRE II.

DES VERTUS QUI FONT L'HOMME ET D'ABORD LA PRUDENCE, LA JUSTICE, LE COURAGE, LA TEMPÉRANCE.

Les anciens et la plupart des modernes admettent quatre vertus principales : la Prudence, la Justice, le Courage, et la Tempérance ou Modération (2).

(1) Caractère viril, âme virile, résolution virile, — agir virilement.

(2) Cette division, qui remonte à la plus haute antiquité, se retrouve dans Platon, Cicéron, saint Augustin, saint Thomas d'Aquin, Bossuet.

On entend par *prudence* la recherche et la connaissance de la vérité, dans un but d'action plus encore que de contemplation.

La *justice* consiste non seulement à ne point nuire aux autres hommes, mais encore à s'opposer, quand on le peut, aux projets des méchants, à leurs actes injustes. — La *bienfaisance* ou libéralité complète l'œuvre de la justice, dont elle est comme une dépendance.

Le *courage* est cette disposition habituelle de l'âme à tout oser pour la défense du droit et de la vérité. Cette vertu élève l'homme au-dessus de lui-même. Le courage civil n'est pas inférieur au courage militaire : il exige encore plus de calme et de constance.

Enfin, par la *tempérance* ou *modération*, l'âme demeure dans cette juste mesure qui est le propre du sage, et qui le distingue des autres hommes toujours enclins à quelque excès, dominés par quelque passion.

La justice était pour les anciens la grande vertu, la vertu sociale par excellence. Chercher la vérité sans en faire profiter ses semblables, c'est manquer à la justice.

Dépenser ses forces et son courage au profit d'une mauvaise cause, c'est violer la justice.

Rien aussi de plus conforme à la justice que la modération qui établit un parfait accord, un juste équilibre entre tous les pouvoirs de l'âme.

En résumé : par la prudence l'homme connaît l'ordre ; par la justice il le réalise dans ses rapports avec ses semblables, au sein de la famille et au sein de la société ; par la tempérance, il l'établit en lui-même dans son corps, dans son âme, dans ses pensées comme dans ses paroles, dans les moindres actes de sa vie ; par le courage enfin, il se dévoue à l'ordre et au bien : il leur sacrifie des plaisirs légitimes, son temps, son repos, jusqu'à sa vie.

Plus il y a, dans une société, d'hommes prudents, justes, courageux, tempérants, plus cette société est forte, puissante, assurée d'un long avenir.

Remarquons, en passant, que la bienveillance ou bienfaisance rattachée par les Anciens à la justice, est bien inférieure à la charité. Pour être bienveillant, il suffit de voir dans l'homme un égal ; pour être charitable, il faut voir en lui un frère appelé au partage des mêmes biens, un membre de la grande famille humaine.

CHAPITRE III.

ÉTROITE UNION DE LA JUSTICE ET DE LA CHARITÉ.

Les modernes, tout en conservant à la justice le premier rang parmi les vertus, tout en fondant sur elle les rapports des hommes entre eux, les modernes, sous l'inspiration de l'Évangile, ont joint à la justice la charité qui l'affermit et la complète. La justice disait :

Ne fais pas à autrui ce que tu ne voudrais pas qu'on te fît à toi-même.

La charité ajoute :

Fais à autrui ce que tu voudrais qu'on te fît à toi-même.

C'est peu, en effet, de ne point nuire à ses semblables, il faut les aimer et les servir. Ils ne sont pas seulement nos égaux, ils sont nos frères ; ils ont droit à notre amour, à nos conseils, à notre assistance.

La sécurité des hommes et leur repos se fondent sur la justice, leur vrai bonheur sur la charité. L'une n'est pas moins que l'autre naturelle à notre âme. Nous n'avons pas seulement la haine instinctive du mal, l'aversion pour les méchants ; nous aimons nos semblables, nous désirons leur communiquer une partie de notre force, de notre savoir, leur faire partager les biens que nous possédons.

Sans doute on peut comprimer en soi cette tendance naturelle, comme on peut désobéir à la justice ; mais elle n'en demeure pas moins au fond de notre âme, toute prête à renaître quand renaîtra notre bon vouloir, quand l'amour de nous-même n'absorbera plus dans notre cœur toute autre affection, tout autre amour.

En réalité, la justice et la charité sont inséparables ; elles ne s'exercent pas pleinement et parfaitement l'une sans l'autre. Est-il bien sûr, par exemple, qu'on pratiquera toutes les règles de la justice envers ceux pour lesquels on n'éprouve ni affection, ni charité ? Est-il facile de rendre à ceux qu'on n'aime point toute la justice qu'on leur doit ? Elle est bien étroite et bien fragile la justice que n'agrandit pas et ne fortifie pas la charité. Elle ne mériterait plus son nom la charité qui ne se fonderait pas sur la justice.

Le monde ancien avait sa part de charité, bien

qu'il n'en eût pas l'entière possession, et cette part suffisait à sa vie. Si la vie surabonde chez les nations modernes, c'est qu'aussi chez elles la charité surabonde; de là leur force merveilleuse de communication et d'expansion. — De là aussi, dans les crises intérieures auxquelles n'échappent pas les peuples les plus civilisés, une suprême ressource pour réconcilier les partis, pour rétablir l'harmonie entre les citoyens. Il ne faut pas, en effet, l'oublier : si, dans ses formes extérieures, la charité s'appelle tour à tour politesse, affabilité, aménité, bienveillance, bonté, elle est, dans son fond et dans son caractère essentiel don de soi-même, sacrifice de son intérêt particulier au bien commun.

CHAPITRE IV.

DU SUICIDE ET DU DUEL.

C'est Dieu qui a placé l'homme sur cette terre, pour y subir une épreuve dont il a déterminé lui-même les difficultés et le terme. Sortir violemment et volontairement de la vie avant l'heure

qu'il a fixée, c'est une désobéissance et un crime ;
c'est renoncer au prix de la lutte, c'est-à-dire au
bonheur parfait, c'est s'exposer aux plus rigoureux châtiments.

La loi militaire punit de mort le soldat qui dé-
serte en face de l'ennemi. Quelle sera la punition
de celui qui a déserté le poste où Dieu l'avait
placé, trahissant à la fois sa famille et la société,
ses devoirs d'homme et de citoyen ? Le prétendu
courage de celui qui se donne la mort n'est d'ailleurs, à le bien prendre, qu'une insigne lâcheté.
Il espère, en effet, échapper, par une souffrance
de courte durée, à des souffrances qu'il imagine
plus longues et plus redoutables. Le suicide qui
n'est pas le résultat de la folie, est toujours le
signe d'une âme dégradée, sans respect d'elle-
même et sans énergie.

C'est servir la société que supporter avec courage la souffrance et l'adversité ; il y a des expia-
tions volontaires, et d'héroïques infortunes, glo-
rieuses à l'égal des plus éclatantes prospérités.
Entre Caton qui se donne la mort à Utique et
saint Louis captif glorieux des Musulmans, il y a
toute la distance qui sépare le monde ancien du
monde régénéré par l'Évangile. La mort de l'un a
fait douter de sa sagesse ; la noble résignation de
l'autre est, aux yeux des sages, son plus beau
titre de gloire.

Quant au duel, la morale devrait à peine s'en occuper ; il lui suffirait de le condamner sans réserve. Nul homme n'a le droit de se faire justice à lui-même. Aux yeux de la raison, le duel est une pure démence. Son résultat prouve seulement qu'un des deux combattants a été habile ou heureux, nullement qu'il avait raison. Jamais il n'établira la justice ou le droit du vainqueur.

CHAPITRE V.

LA SOCIÉTÉ A SES DIFFÉRENTS DEGRÉS.
LA FAMILLE.

Les lois universelles d'ordre et d'harmonie qui gouvernent le monde céleste s'appliquent également à la terre que nous habitons. Elles sont, pour ainsi dire, enfermées les unes dans les autres : toutes ensemble elles dépendent d'une loi unique et souveraine (1).

(1) Cette loi que Newton a nommée l'*attraction universelle*.

Il en est de même pour le monde moral. Les lois qui gouvernent les sociétés les plus étendues renferment les lois qui dominent les plus petits États, les moindres cités, et enfin cette société, modèle et fondement de toutes les autres, je veux dire la famille.

La loi souveraine du monde moral que nous retrouvons à tous les degrés, c'est cette loi de l'ordre et du bien que réalisent de concert la justice et la charité. Aussi, tant vaut l'homme dans la famille et la famille au sein de la société, tant valent les peuples qui, après tout, ne se composent que d'hommes et de familles. Si donc il importe de donner à un peuple les meilleures lois possibles, les lois les plus conformes à la loi absolue de l'ordre et du bien, ce qui est vraiment indispensable, c'est de former les mœurs, de développer et de perfectionner l'homme au sein de la famille; c'est de rendre la famille elle-même plus unie, plus digne d'amour et de respect.

Dans la famille, le père possède l'autorité et a droit à l'obéissance. Cette autorité, absolue chez la plupart des peuples anciens s'est, de nos jours, bien adoucie; il ne faudrait point qu'elle s'affaiblît davantage.

Le rôle de la mère est de tempérer par l'affection, par un amour sans faiblesse, ce que l'autorité paternelle pourrait avoir de trop rigoureux :

elle a droit d'ailleurs à la même obéissance, au
même respect que le père de famille. Elle succède
à tous ses droits, s'il s'éloigne ou s'il meurt. La
dignité des époux, la sainteté de la famille, la
bonne éducation des enfants, exigent que le ma-
riage soit indissoluble.

Le devoir des parents est de nourrir et d'entretenir leurs enfants, de leur faire donner, en proportion de leur fortune, le plus d'instruction qu'il
leur est possible, mais surtout de les élever, de
les reprendre avec douceur et fermeté, de les
former à la pratique du bien par leurs leçons et
d'abord par leurs exemples.

Les enfants doivent à leurs parents l'obéissance
absolue dans tout ce que ne défend pas la conscience, et de plus le respect, l'affection, la reconnaissance. C'est dans leur vieillesse surtout
qu'ils doivent les entourer de soins et de préve-
nances.

Les enfants d'une même famille se doivent les
uns aux autres, jusqu'à la fin de leur vie, affection, conseil, assistance; ils sont tenus de s'ai-
der, de se porter un mutuel secours. Ils doivent
même une protection plus efficace à ceux d'entre
eux que des revers de fortune, une faiblesse naturelle, une mauvaise santé auraient placés dans
une position difficile ou précaire.

Enfin, les serviteurs font partie de la famille à

laquelle les unissent des liens d'autant plus étroits et plus respectables qu'ils sont plus anciennement formés. On leur doit, outre le salaire convenu, des égards, une bienveillance active, la direction du conseil et de l'exemple, des soins dans leurs maladies, des secours dans leur vieillesse.

CHAPITRE VI.

LA CITÉ. — LA PATRIE.

La plupart du temps, chez les Anciens, la cité et la patrie n'étaient qu'une même chose : de là un patriotisme ardent, mais exclusif. De nos jours, avec la facilité des changements et des déplacements, avec la grandeur croissante des empires, la cité a beaucoup perdu de son importance. Toutefois entre la plus petite et la plus grande des sociétés, entre la famille et l'État, elle a toujours sa place et ses intérêts propres : elle forme les citoyens à la vie publique, à l'exercice des droits politiques les plus importants.

Nous devons au chef de l'État (1), à ses représen-
tants, aux magistrats, le respect; — à la loi, l'obéissance. — Tout pouvoir vient de Dieu; toute loi
digne de ce nom est une application de la loi morale ou loi divine. Se soumettre à l'autorité et à la
loi, c'est se soumettre à la volonté, à l'éternelle
sagesse de Dieu, comme le doit toute créature
raisonnable.

La patrie qui est pour nous la source de tant de
biens, qui protège notre liberté, qui sauvegarde
tous nos droits, la patrie mérite sans doute que
nous lui donnions, en retour, avec notre affection,
une faible partie des droits qu'elle nous conserve
et, s'il le faut, cette vie dont elle est, après Dieu,
la meilleure gardienne.

L'impôt, auquel on réussirait à se soustraire par
la fraude ou par une coupable réticence, retom-
berait sur quelqu'un de nos frères moins capable
peut-être d'en porter le fardeau.

Simples citoyens ou revêtus d'un caractère
public, nous devons, en toute circonstance, à la
patrie, le secours de notre prudence et de notre
expérience, le sacrifice de nos intérêts person-
nels.

(1) En France, le chef de l'État est le Président de la
République élu, conformément à la Constitution, pour une
période de sept ans, par le Sénat et la Chambre des députés
réunis en Congrès.

Nous devons, conformément aux lois établies, participer, non seulement aux charges mais aux privilèges des citoyens, et nous préparer, par une étude suffisante des intérêts publics, à rendre cette participation plus complète et plus efficace. Aucune voix n'est perdue, aucun effort n'est inutile, aucun bon exemple n'est donné sans profit. A vrai dire, on est pour quelque chose dans le mal qu'on n'a pas empêché, qu'on a autorisé en s'isolant des affaires publiques par paresse, par indifférence, quelquefois même par lâcheté.

L'homme n'atteint sa vraie grandeur, il n'applique toutes ses facultés que dans la vie sociale, où il met au service de tous, et d'abord de sa patrie, sa raison, son amour du bien, sa libre volonté. Mieux valent les luttes de la vie publique, et un mouvement fécond dirigés en vue du progrès moral, que l'indifférence et l'apathie des âmes bien voisines de leur dégradation.

CHAPITRE VII.

LE GOUVERNEMENT. — SES DIVERSES FORMES.
LES TROIS GRANDS POUVOIRS DE L'ÉTAT.

On nomme *monarchie* le gouvernement d'un seul, *aristocratie*, le gouvernement d'une classe privilégiée et peu nombreuse, *démocratie*, le gouvernement auquel prend part le peuple tout entier.

Le plus souvent ces trois formes s'unissent et se combinent dans des proportions très variables. Entre le despotisme des souverains de l'Orient, et les monarchies tempérées de l'Europe moderne, la distance est incalculable. Elle n'est pas moindre de la démocratie à la démagogie, c'est-à-dire à l'anarchie. La liberté est presque toujours, chez un peuple bien gouverné, égale à la somme de ses lumières et de ses vertus. Plus une nation compte de citoyens éclairés et sages, plus elle s'asseoit, par degrés insensibles, sur le large et solide fondement d'une liberté réglée, dans son exercice, par les mœurs autant que par les lois.

La distinction des trois grands pouvoirs, *législatif*, *exécutif*, *judiciaire*, existe en droit et en fait dans la plupart des États civilisés. Dans les pays où elle est méconnue, la liberté et la justice sont exposées aux plus grands périls.

CHAPITRE VIII.

PRINCIPAUX DEVOIRS ET PRINCIPAUX DROITS DES CITOYENS.

Il est dans l'ordre que tout homme jouisse du fruit de son travail et qu'il en fasse jouir ses enfants, sa famille.

Voilà tout d'abord la propriété fondée avec l'hérédité.

Sans nul doute, à l'origine du monde, le droit de propriété a pu dépendre d'une première occupation, mais, dans une société régulièrement constituée, il repose uniquement sur le travail, sur l'hérédité, sur la transmission ou l'échange des biens dans les conditions fixées par la loi.

La société n'a pas de plus fermes fondements,

après la religion et la famille, que la propriété et l'hérédité. La famille elle-même, si elle en est privée, est exposée à une prompte décadence.

Rien n'est plus propre à encourager l'homme dans ses efforts, à le porter au travail, que l'espérance d'en faire partager les fruits à ceux qui sont nés de lui, qu'il aime plus que lui. Ainsi disparaît l'égoïsme et, avec l'égoïsme, la jouissance la moins digne de l'homme : celle qu'il ne partage avec personne et, qui, renfermée dans l'heure présente, compromet l'heure qui va suivre. Que de désordres, quelle agitation stérile dans une société où la propriété ne serait pas inviolable, où l'hérédité, fondée sur les plus puissants instincts du cœur de l'homme, sur la loi morale elle-même, ne serait pas garantie par la loi civile !

Dans un État libre où personne n'est supérieur à la loi, celle-ci s'applique à tous les citoyens. Les *droits politiques* peuvent s'exercer à divers degrés, sous certaines conditions : *les droits civils* sont les mêmes pour tous. Nulle faveur, nul privilège pour une classe particulière plus riche ou plus puissante , nuls tribunaux exceptionnels. Comme il n'y a qu'une loi, ainsi doit-il y avoir pour tous, même justice et mêmes juges.

La seule considération de notre grandeur native, de notre fin dernière suffirait à condamner l'esclavage. La justice et la charité le proscrivent également. Pour l'esclave, point de famille, point de patrie, point de droits civils, souvent même point de culture morale et religieuse. Mais aussi, pour la société qui tolère ou protège cette fatale institution, nulle paix, nulle sécurité, nulle grandeur morale. Elle porte dans son sein, avec la discorde et la guerre, le germe de toutes les décadences.

L'orgueil du maître s'accroît de toute la bassesse de l'esclave : le travail de l'un fait la paresse de l'autre ; de la misère et des privations de l'opprimé, naissent la débauche et le luxe effréné de l'oppresseur. Les vices qu'on impose à l'esclave deviennent peu à peu les vices de la société dont ils précipitent la ruine.

CHAPITRE IX.

LES NATIONS. — RAPPORTS DES NATIONS ENTRE ELLES. — LA GUERRE.

Les peuples sont, comme les individus, libres et responsables : libres de s'associer aux desseins de la Providence, de contribuer à l'ordre univer-

sel, responsables de leur bon ou de leur mauvais
vouloir.

A défaut d'une vie à venir qui n'existe point
pour eux, la sanction de leurs actes est tout entière dans leur progrès ou leur décadence, dans
leur gloire ou leur honte, dans l'amour ou la haine
du genre humain.

Aux yeux du vrai politique, les grands intérêts
des nations ne sauraient être qu'en apparence
opposés et contraires. En réalité, ils s'unissent et
se confondent dans un intérêt supérieur et commun : celui de l'ordre et du progrès universels.

C'est à l'expérience et à la sagesse des hommes
d'État qu'il appartient d'apaiser les passions, d'u-
nir ou de concilier les intérêts, de faire régner
entre les différents peuples la justice et la paix.

Il dépend d'eux, presque toujours, de terminer
à l'amiable les différends qui surviennent. C'est
avant tout la raison qui doit décider, non la force,
et l'on ne peut recourir à celle-ci, pour défendre
un droit violé ou sérieusement menacé, qu'après
avoir épuisé tous les moyens de conciliation.

Puisque toute guerre est un appel à la force
pour la défense du droit, elle ne saurait être que
défensive. Limitée aux seuls *belligérants*, elle
épargnera et respectera les nations qui ne sont
pas engagées dans le conflit, les *neutres*. Même
entre les peuples ennemis, elle ne supprime et ne

suspend aucune des lois naturelles de justice et
d'humanité. C'est le devoir des généraux et des
gouvernements d'en diminuer autant que possible
les calamités et les charges, d'en restreindre le
théâtre, d'en borner la durée.

Les prisonniers seront traités avec humanité :
on leur doit, outre le nécessaire, des égards me-
surés à leur grade et à leur rang.

Les guerres ne doivent être que des accidents
dans la vie des nations. Elles cesseront sans doute
le jour où les hommes, plus éclairés et plus sages,
comprendront que tous les peuples sont appelés
sans distinction à s'associer à l'œuvre commune,
que chacun d'eux a sa place et son rang, conformes à son origine et à son caractère, dans la
marche providentielle de l'humanité.

En attendant, la guerre, fruit naturel des passions humaines, la guerre dans laquelle les peuples retrempent parfois leur vie et leur énergie,
a du moins produit, de nos jours, ce résultat favorable d'ouvrir à la vraie civilisation ces empires
de l'Orient si longtemps fermés au reste du monde,
et plongés dans un léthargique sommeil.

CHAPITRE X.

FONDEMENTS DE LA MORALE RELIGIEUSE.

L'homme tient de Dieu tout ce qu'il est, tout ce qu'il possède, la raison, l'amour, la liberté, les biens de la vie présente, la promesse des biens à venir.

Son premier devoir envers l'auteur de tant de bienfaits est donc un devoir de reconnaissance, d'amour et d'hommage.

Le mouvement naturel de l'âme qui s'élève vers Dieu pour l'adorer, le remercier ou l'implorer, c'est la prière. Elle doit être de tous les jours, comme les biens dont nous jouissons, comme les épreuves dans lesquelles nous voulons triompher.

Si l'homme était un pur esprit, ces actions de grâce, ces appels à la Providence iraient directement de notre pensée à l'intelligence infinie qui les entend sans le secours de la parole. Mais puisque, dans la vie présente, le corps concourt avec l'âme à la lutte et à l'épreuve, ainsi doit-il concourir à l'adoration et à l'hommage. Il apporte à la prière le secours des gestes, des attitudes, et surtout de la parole. La parole extérieure, en effet, réveille et ranime la parole intérieure qui, sans elle, cesserait bientôt de se faire entendre. La règle qu'on s'impose de prier chaque jour, à certaines heures, peut seule maintenir l'habitude de la prière.

Comme la religion est la meilleure sauvegarde de la famille et de la société, ainsi la prière qui en est l'âme doit-elle se manifester, intérieurement dans le sanctuaire de la famille, publiquement dans les temples. Les hommes sont tenus de mettre en commun leurs adorations, leurs hommages, comme ils associent leurs travaux, leur raison, leur expérience. Le spectacle le plus capable de porter les âmes à la vertu, de les enflammer d'amour pour le bien et pour la patrie, c'est celui du libre hommage rendu à Dieu par un peuple nombreux qui l'invoque dans ses périls, ou le remercie de ses bienfaits.

CHAPITRE XI.

DEUX PUISSANTS MOYENS DE PERFECTIONNEMENT MORAL.

1° LA CONNAISSANCE DE SOI-MÊME.
2° LE SACRIFICE DE SOI-MÊME.

Les Moralistes ont résumé, en de brèves sentences, les meilleurs moyens de perfectionner notre âme, de former en nous l'homme et le citoyen. Nous voulons en recommander deux principaux : *la connaissance de soi-même, le sacrifice de soi-même.*

Tout homme a sa place dans l'ordre admirable de ce monde auquel concourent toutes les choses créées, et, en particulier, la créature raisonnable ; chacun de nous est appelé à une œuvre spéciale à laquelle le prédisposent son tempérament, son caractère, ses aptitudes.

Se connaître soi-même, est la condition indispensable pour se gouverner soi-même. Il faut savoir ce qu'on est et ce qu'on peut, pour faire tout ce qu'on doit.

Cette connaissance se fonde avant tout sur l'habitude de s'interroger, de lire dans son âme, en un mot, de réfléchir. L'examen de conscience, pratique journalière recommandée par le christianisme et, de Pythagore à Franklin, par les moralistes et les sages, contribuera puissamment à nous donner cette science de nous-mêmes, la première et la plus importante de toutes.

Par là encore nous verrons clairement quels défauts ou quels vices nous devons plus particulièrement combattre, quels désirs sans cesse renaissants nous devons modérer et contenir.

Si nous contractons de bonne heure l'habitude de sacrifier à la raison nos préventions et nos préférences, de subordonner nos désirs à la loi du devoir, de sacrifier des avantages douteux et passagers à l'intérêt général, au véritable intérêt de notre âme immortelle, ce sacrifice continuel des penchants inférieurs de notre nature nous assurera, avec la lumière de l'esprit, la paix et la liberté de l'âme, les seuls biens d'ici-bas qui méritent d'être appelés des biens.

Si la lutte pour tant d'hommes devient difficile, j'allais dire impossible, c'est qu'ils ont cédé au premier effort du désir et de la passion, c'est qu'ils n'ont jamais essayé d'une courageuse résistance. Par leur mollesse dans les moindres rencontres, ils ont préparé leur défaite dans les grandes batailles de la vie.

CHAPITRE XII.

DERNIER DEVOIR DICTÉ PAR LA MORALE.
LA SAGESSE PARFAITE.

Enfin il est un devoir que la conscience nous impose à l'égal de tous les autres : c'est celui de chercher la vérité, toute la vérité ; c'est celui d'appeler au secours de notre faiblesse tous les moyens que Dieu a choisis dans les profondeurs de sa sagesse, qu'il nous offre dans sa bonté.

Toute diminution de vérité entraîne une diminution de vertu : tout appui qu'on refuse, par indifférence ou par orgueil, est un bien dont on se prive à son propre détriment et au détriment de l'humanité. C'est le devoir de l'homme de ne se dérober à aucune lumière capable d'éclairer et de féconder son intelligence, à aucun moyen de rendre son amour pour le bien plus ardent et plus pur, sa volonté plus maîtresse d'elle-même, mieux soumise à la loi morale.

Cette sagesse qui ne se refuse à aucun accroissement de vérité, d'amour et de force, qui ac-

cepte avec reconnaissance tout ce que Dieu veut
bien offrir à l'homme pour arriver sûrement à sa
fin, cette sagesse c'est la sagesse parfaite. Elle
concilie, sans les confondre, les vérités et les
méthodes, la foi et la raison, la parole de Dieu
dans le monde et sa voix dans nos âmes. Elle sait
que toutes les vérités, loin de se contredire, s'u-
nissent et se confondent dans une suprême et
insondable vérité.

Heureux de la part de lumière qui lui est ac-
cordée, à lui créature raisonnable mais impar-
faite, le vrai sage s'efforce de mériter, par l'amour
du beau et la pratique du bien, par l'étude et la
prière, la méditation et le travail, une lumière
plus vive et plus pure. Il ne cherche pas à sou-
lever le voile mystérieux dont Dieu couvre à nos
regards l'infini de son être et de ses perfections.
Il croit et il adore, sur la foi de Celui qui, étant
tout et sachant tout, mesure librement l'être et
la science aux créatures qu'il a faites, sans leur
en donner jamais la plénitude et la perfection.
Son premier devoir c'est la reconnaissance, sa
première vertu c'est la soumission. La sagesse
qui ne s'élève point sur ce double fondement
n'est qu'une vaine et fragile sagesse. Incapable
de parvenir jusqu'à Dieu, elle finit tôt ou tard par
diviniser l'homme et, dans l'homme lui-même,
ses intérêts et ses vices. Il cesse bientôt de com-

prendre la loi qu'il a cessé d'accomplir; il nie ou il méconnaît l'ordre universel auquel il refuse le concours de sa raison, de son amour et de sa liberté. C'est le privilège de la vertu de disposer notre âme à accueillir toutes les vérités, comme c'est la funeste conséquence du vice de l'ouvrir à toutes les erreurs.

III.

DE LA SAGESSE[1].

—•>>>○○<<•—

MESSIEURS,

Permettez-moi d'adresser à nos enfants, même en ce jour de fête, une dernière leçon. Vous êtes pour moi d'ailleurs, vous êtes avec moi dans la cause que je vais défendre. Vos exemples ont précédé mes enseignements, et les actes de votre vie viendront à l'appui de mes conseils. Vous recueillez les fruits de la Sagesse, et je vais dire à vos fils sa nature et son prix. Quand je parlerai des avantages qu'elle procure, des couronnes qu'elle apporte à l'âge mûr, à la vieillesse, et qui précèdent sur bien des fronts la noble couronne

[1] Discours prononcé à la distribution des prix du Lycée de Bar-le-Duc. 1860.

des cheveux blancs, je n'irai pas chercher mes
exemples dans un passé lointain. Il me suffira de
dire à ceux que ce simple discours n'aurait pas
convaincus : Regardez vos pères, vos magistrats,
les ministres des autels, les élus et les chefs de
la cité; si vous n'en croyez pas mes paroles,
croyez-en du moins l'exemple de leur vie.

Oui, mes enfants, c'est de la Sagesse que je
vais vous entretenir, de la Sagesse qu'on vous
enseigne avant toute science, ou plutôt avec le
concours de toutes les sciences. Et peut-être
vous ne vous en doutiez pas, vous ne vous croyiez
pas à si bonne école. Vous n'avez pas, comme
Salomon, demandé la Sagesse de préférence à
tous les biens de la terre; et pourtant elle vous
est donnée largement, à votre insu, à chaque
heure du jour. Vous pensiez n'étudier que la
Grammaire, les Lettres, les Sciences, l'Histoire, et
voilà que vous étudiez la Sagesse. Vous refusez
d'y croire, et moi je me refuse à partager vos
doutes, et je m'efforcerai de vous convaincre.

Vous souvient-il du jour où votre mère vous
confiant, non sans quelques larmes, au maître
dont les soins allaient, pour de longues heures,
remplacer sa tendresse, où votre mère vous dit :
Allez, enfant, soyez sage. Dès ce jour vous êtes
entrés à l'école de la Sagesse, et c'est votre mère
qui en a prononcé l'arrêt. Elle a dit un mot que

nous avons entendu; Dieu le lui avait inspiré, vos maîtres l'ont compris, mieux qu'elle peut-être, et dans son véritable sens.

On vous a mis d'abord entre les mains, sous le nom de Grammaire, un livre que vous avez trouvé bien long, et dont vous avez, j'en suis sûr, compté toutes les pages, avant d'en avoir lu la première ligne. Vous pensiez n'y apprendre que les règles de votre langue ou celles d'une langue morte. Mais voyez la ruse, et comme ce bon Lhomond lui-même est déjà, sans qu'il y paraisse, votre premier maître de Sagesse. Ne sont-ils pas de lui, en effet, ces exemples gravés pour toujours dans votre mémoire : *Les enfants obéissants font la joie des parents et des maîtres;* et ailleurs : *Comme le feu éprouve l'or, ainsi l'adversité éprouve l'homme courageux.* J'en cite deux seulement : combien j'en pourrais citer d'autres! Puis le *De viris,* le *Selectæ,* livres tout pleins de naïfs récits et de belles histoires, sont venus peu à peu, sans que vous y songiez, faire couler doucement dans vos âmes le suc de la Sagesse antique. Vous avez senti s'élever dans vos jeunes cœurs je ne sais quel ardent désir d'imiter ces héros, de vous sacrifier comme eux au devoir et à la patrie, de mourir comme eux, s'il le fallait, pour la Justice et la Vérité. Vous avez traduit en français les paroles mémorables, les sentences

des sages, et c'est avec respect que vous avez entendu leurs leçons. Ces germes précieux déposés
dans vos âmes s'y développeront, soyez-en sûrs;
votre esprit tout plein de ces beaux préceptes en
sentira mieux chaque jour la solidité et le prix.

Et ces Lettres, ces Humanités, comme on disait
autrefois, parce qu'elles forment vraiment les
hommes, parce qu'elles les polissent et les huma-
nisent, qui oserait séparer de leur étude l'étude
de la Sagesse? Qui oserait soutenir qu'on peut
séparer la forme du fond, l'expression de la pensée, le Beau du Bien dont il est la splendeur? Les
ravissantes douceurs, les accents passionnés de
la Poésie, les mouvements impétueux, les éclats
de l'Éloquence, tout cela n'aurait d'autre but que
de charmer les sens ou de les enivrer, que d'ex-
citer les passions et de provoquer les applaudis-
sements d'une foule ignorante ! Laissons ces
théories que repousse le bon sens à ceux qui ont
fait de la littérature un métier, des livres un
poison tous les jours plus mortel, tous les jours
plus répandu ; à ceux qui, abusant de ce don
divin du talent ou du génie, font tourner à la
perte des mœurs, à la ruine de la morale et du
goût, les facultés que Dieu leur avait données
pour un meilleur emploi. Pous vous, mes chers
enfants, vous repousserez avec énergie, vous ne
craindrez pas, s'il le faut, de condamner haute-

ment ces livres frivoles ou pernicieux d'où la
Sagesse est absente, disons mieux, ces mortels
ennemis de la Sagesse. Vous n'admettrez pas
qu'on puisse à la fois vous tromper et vous plaire,
vous pervertir et vous charmer. Fidèles aux
leçons de vos maîtres, vous demanderez au poète,
non seulement ce que la douceur ou l'énergie de
ses chants doit apporter de plaisir à votre âme,
mais encore ce qu'ils lui communiqueront de
force et de prudence, d'amour du bien, de géné-
reuse passion pour tous les sacrifices. Et quant
aux œuvres de l'éloquence, vous les jugerez avec
ces paroles de Fénelon qui nous ont paru, vous
le savez, aussi simples que profondes : *L'homme
digne d'être écouté est celui qui ne se sert de la
parole que pour la pensée, et de la pensée que pour
la vérité et la vertu.*

Des sciences, aujourd'hui plus que jamais
sœurs et compagnes des Lettres, je ne vous dirai
qu'un mot, et, comme les savants eux-mêmes,
c'est à l'expérience que j'en appellerai. De Képler
à Cuvier, ceux qui ont le mieux cultivé leur vaste
domaine, et accompli tant d'admirables décou-
vertes, Descartes, Newton, Leibnitz, tous ont été
des modèles de vertu et de haute sagesse. Elle
est de Bacon, législateur des sciences, cette
maxime sans cesse invoquée : *Si un peu de
science éloigne de la religion, beaucoup y ramène.*

Or la religion, vous le savez, c'est la Sagesse parfaite. L'étude des sciences, qui nous fait pénétrer
si avant dans les secrets de Dieu, dans les merveilles de sa Providence, l'étude des sciences
contribue donc, pour une large part, à vous en-
seigner la Sagesse.

Mais cette Providence, si clairement manifestée
par l'ordre et l'harmonie du monde matériel, par
les lois immuables des figures et des nombres,
cette Providence n'est nulle part aussi visible,
aussi éclatante que dans l'histoire des nations et
dans l'histoire du monde. Tant de faits que vous
avez étudiés chargeraient inutilement votre mémoire, s'ils n'apportaient point de lumière à votre
esprit, s'ils ne servaient de leçon et d'exemple à
votre vie entière. Quelle école de sagesse comparable à ce spectacle des États qui s'élèvent et
grandissent, à force de prudence et de nobles
dévouements, qui décroissent quand décroît la
vertu de leurs citoyens, qui s'écroulent enfin dans
la ruine des mœurs publiques! Connaissez-vous
dans l'histoire un nom vraiment grand auquel ne
soit attaché le souvenir d'une grande vertu? Les
seules renommées qu'on respecte, alors qu'on
discute toutes les autres, ne sont-elles pas celles
de ces hommes illustres, législateurs ou capitai-
nes, orateurs ou rois, dont la sagesse a égalé le
courage et qui ont su, dans un péril extrême,

sacrifier leurs passions, leurs intérêts particuliers, à l'intérêt de tous, au progrès de l'humanité?

Ce progrès lui-même n'est-il pas avant tout le progrès moral, le progrès des âmes dans la vérité et dans la vertu, progrès sans lequel tous les autres deviendraient inutiles ou dangereux ; car si l'âme est vraiment en nous la partie maîtresse et divine, il s'ensuit que son progrès mesure tous les progrès, et que tout recule quand elle cesse d'avancer? Oui, si l'histoire vous est enseignée avec tant de soin, c'est qu'elle est pleine des leçons les plus éclatantes de la Sagesse ; c'est qu'on peut se dérober, par habitude ou par oubli, aux enseignements des autres livres ; c'est qu'on peut se faire illusion sur soi-même ou sur ses proches, mais on n'échappe pas aux solennels enseignements de l'histoire : pour qui sait lire, les grands peuples ont toujours été les peuples sages, et les grands hommes les héros de la Sagesse.

Pour nous, chers élèves, venus après tous vos maîtres, nous n'avons eu qu'à résumer leurs leçons, qu'à les compléter par l'étude approfondie de notre âme et de ses immortelles destinées. Loin de nous la pensée de revenir sur un enseignement dont votre cœur, non moins que votre esprit, gardera, je l'espère, un durable souvenir. Laissez-moi seulement redire à ceux qui vous suivront, les premières paroles que vous avez en-

tendues dans la classe de philosophie, paroles que
nous nous sommes borné à développer et à
méditer durant une année entière :

La philosophie est l'étude de la Sagesse.

*La Sagesse consiste à connaître Dieu et à se
connaître soi-même.*

*La connaissance de nous-mêmes nous doit éle-
ver à la connaissance de Dieu.*

Ce n'est pas moi, c'est Bossuet qui vous don-
nait cette première leçon : c'est lui dont la parole,
à la fois simple et forte, vous invitait à couronner,
par l'étude réfléchie de la Sagesse, les leçons que
vous aviez reçues de la bouche des orateurs, des
historiens, des poètes, de la bouche des maîtres
chargés de vous les faire comprendre. C'est avec
son aide encore, c'est avec le concours de tous les
grands philosophes que nous avons banni de vos
âmes les *opinions* et les *doutes*, cruelle maladie
de notre siècle, pour mettre à leur place ce qui
fait la force d'un homme, des *convictions* et des
certitudes.

Et tous ensemble, vous le voyez maintenant,
nous avons été pour vous, et par-dessus tout,
des maîtres de Sagesse. Car ce mot si simple et
si profond exprime, dans son acception complète

et vraie, deux choses qu'on essaierait en vain de désunir, qu'on ne sépare point sans un grand danger, je veux dire la science et la vertu. Il s'applique à la connaissance du vrai comme à l'amour et à la pratique du bien, il manifeste leur intime union. On n'est point sage, si l'on agit sans discernement et sans réflexion, si l'on connaît mal le bien qu'on est tenu d'accomplir ; mais on mérite encore moins ce titre respecté, si l'on néglige de faire le bien qu'on sait, de remplir les devoirs dont on a lu dans sa conscience la loi rigoureuse et immuable. Les sophistes seuls pourraient essayer de détruire cette union naturelle, mais leurs actes démentiraient leurs paroles, et, à défaut de vertu véritable, on les verrait, pour mieux tromper la foule, cacher encore le mensonge de leur doctrine sous le mensonge de leur vertu.

Vous savez maintenant en quoi consiste la Sagesse. Vous l'avez apprise, à votre insu d'abord, ouvertement ensuite, et sous son vrai nom. A quoi vous servira-t-elle ? On pose volontiers de nos jours cette question des avantages et du profit, mais cette question la Sagesse ne la craint pas. Elle seule au besoin tiendrait lieu de tous les biens ; sans elle point de bien véritable. Tout ce que vous posséderez, tout ce que Dieu vous donnera de richesses, de succès, d'honneurs, tout cela n'aura de valeur et d'éclat que par la Sagesse, ne durera et ne grandira que par la Sagesse. Vous serez heureux avec elle, jamais sans elle ; si vous la trahissez, la fortune vous trahira. A quoi servent les biens, même les plus précieux, sans l'art d'en user et d'en jouir ? Or, cet art c'est une partie de la Sagesse.

Ne craignez point que je reprenne l'un après l'autre, pour vous convaincre, tous les exemples de l'histoire et de l'expérience, tous les conseils des moralistes anciens et modernes. Ce n'est point l'heure de répéter ce que d'autres ont dit avant moi, mieux que moi. Seulement j'ajouterai : Gardez précieusement les leçons de la Sagesse ; appliquez-les dès la première heure, dès le premier pas dans la carrière, et d'abord donnez-la pour règle à votre jeune liberté. N'attendez point l'épreuve du malheur ; soyez sages avant l'adversité, pour échapper à l'adversité, ou pour la supporter virilement. Appliquez au soin de l'âme cette médecine préventive dont les habiles praticiens recommandent l'emploi, pour maintenir la santé du corps. Il est plus aisé de prévenir les maladies que de les guérir, et il faut moins d'efforts pour garder la Sagesse que pour la retrouver quand on l'a perdue.

Vous la garderez donc, et vous n'aurez pas lieu de vous en repentir. Grâce à elle, vos qualités naturelles, au lieu de se corrompre, iront se perfectionnant tous les jours. Votre prudence ne tournera jamais à la ruse et à l'astuce ; votre courage ne dégénérera point en aveugle témérité ; votre justice ne deviendra pas une implacable rigueur. Vous serez généreux sans prodigalité, économes sans avarice, soumis sans bassesse ; et si Dieu vous appelle à commander à d'autres hommes, votre commandement sera doux dans sa fermeté, sans faiblesse comme sans orgueil. Votre ambition se tournera tout entière à la poursuite des biens véritables, de ceux qui ne souffrent ni diminution, ni déclin. Si le dégoût d'une position modeste, mal fréquent de nos jours, venait à se glisser dans votre âme, la Sagesse serait encore là pour vous montrer le petit nombre de ceux qui vous précèdent, la multitude de ceux qui vous suivent ; pour vous rappeler enfin que si les places honorent les hommes, les hommes, par leur mérite personnel, font surtout l'honneur des places qu'ils occupent. L'éclat du rang pâlit auprès de celui des vertus, et il n'y a point, pour l'ignorance ou le vice, d'écueil comparable à celui des honneurs et des dignités.

Je ne finirais point, si j'essayais de vous dire tous les emplois de la Sagesse, tout ce qu'elle apporte de conseils et de secours aux vocations les plus différentes. Quelques-uns d'entre vous sont sur le point de choisir une carrière ; ils la choisi-

ront conforme à leurs goûts, à leurs désirs, à leurs
espérances. Mais ils auront beau choisir de leur
mieux, choisir avec lenteur, avec prudence, ils
seront toujours placés entre deux alternatives : il
leur faudra subir la bonne ou la mauvaise fortune.
Pauvres et riches, savants et ignorants, humbles
et puissants, tous ici sont éprouvés par le bonheur ou par l'adversité. Dieu qui veut savoir leur
prix les soumet à l'une de ces deux épreuves, et
la première n'est pas la moins redoutable.

Voici ce qu'on appelle dans le monde un mortel
heureux. Tout lui a souri, tout lui a réussi. Il est
riche, honoré, puissant; nombreux sont ses amis,
plus nombreux encore les amis de sa fortune.
C'est là que Dieu l'attendait. Enivré de prospérités
et de flatteries, il chancelle, il va tomber, tomber
dans la démence de l'égoïsme et de l'orgueil. Qui
le soutiendra? Qui l'arrêtera sur le bord de l'a-
bîme ? La Sagesse, rien que la Sagesse.

Voici, à la fin de sa carrière, un homme qui a
traversé la vie comme une longue infortune. Il a
perdu tous les biens qu'on aime ou qu'on pour-
suit, ses honneurs, ses richesses, son crédit ; il
est injurié, calomnié, il n'a pas un ami pour partager sa profonde douleur. C'est le moment suprême; il envisage d'un rapide coup d'œil son
passé, son présent, et, en face du sombre avenir,
il va blasphémer. Qui le sauvera du désespoir ?

La Sagesse : elle seule peut opérer ce prodige.

Peut-être vous ne la croyiez pas si puissante: je vais vous dire le secret de sa force et de ses victoires. Elles sont de celles qu'une Sagesse purement humaine n'a jamais remportées. On l'a vue à l'œuvre dans de nobles âmes, dans des cœurs généreux ; à l'heure décisive, elle n'a triomphé du désespoir et de l'adversité que par le suicide. Oui, ce serait mal connaître la Sagesse que d'ignorer son ferme fondement, son fondement divin. Il faut dire enfin ce qu'elle est en elle-même et dans son essence ; il faut passer des ombres aux réalités, des principes à la source de tous les principes, des sages du temps au Maître éternel de la Sagesse. Proclamons donc qu'elle n'est rien cette sagesse de l'homme, si l'homme ne la rattache à Dieu, et que les enseignements de la raison sont sans force et sans effet, si la raison humaine n'avoue sa dépendance de la raison divine. Pas plus que la science, la vertu ne peut se passer de Dieu: sinon elle devient le plus dangereux de tous les vices, l'orgueil. Si le Vrai et le Bien sont ici-bas inséparables, c'est que leur union manifestée par la Sagesse humaine date de plus loin qu'elle, et remonte plus haut.

Oui, le père de tous les esprits, c'est Dieu ; la source de toute sagesse, c'est la Sagesse incréée qui a précédé tous les temps et qui suivra tous les temps. Elle s'est élancée du sein du Père avant l'aurore ; elle était à la naissance de l'homme, elle est la raison de sa raison. Toute lumière vient de sa lumière, tout amour doit se purifier dans son amour, toute vertu procède de sa force et de sa vertu.

Des voix plus autorisées que la mienne vous diront ce qu'elle a fait pour le monde, et, en particulier, pour l'homme ; comment elle l'a créé et comblé de bienfaits sans nombre. Pour moi, restant dans mon rôle, je me bornerai à vous rappeler qu'elle a sauvé la Sagesse humaine de son plus redoutable ennemi, qu'en lui révélant sa source et son principe, elle l'a empêchée de se diviniser elle-même ; qu'elle nous a montré enfin, dans la vertu du sage couronnée par l'abnégation du chrétien, le type accompli, le modèle parfait de la Sagesse.

L'Évangile, en effet, possède ce merveilleux privilège de former à la fois, par ses enseignements, des chrétiens et des sages, d'unir aux œuvres de la justice les dévouements de la charité, d'ajouter à l'éclat des vertus naturelles le doux parfum d'une fleur céleste, la modestie : disons son vrai nom, l'humilité. Le monde ancien était fier de ses sages, mais il les comptait. Grâce à l'Évangile, le monde moderne ne saurait plus compter les siens : ils sont plus nombreux, et aussi plus parfaits. Comme la liberté et la science, la Sagesse a cessé d'être le bien d'un petit nombre ; elle s'est répandue sans s'avilir ; elle s'est faite plébéienne, et le peuple a grandi par elle à l'égal des rois. Dociles à la voix du pasteur les multitudes sont venues s'asseoir à ce banquet de la Sagesse, dont un petit nombre d'élus savourait, loin de la foule, la délicieuse ambroisie. Enfants d'un même père nous sommes tous appelés, par droit d'origine, à devenir des sages. Seulement il y faut le concours de la volonté libre, l'effort généreux, en un mot la vertu.

Descendez, mes amis, descendez courageusement dans l'arène avec les armes qu'on vous a préparées, et ne craignez point d'implorer contre vos ennemis le secours de la Sagesse. Elle sera votre force avant d'être votre récompense ; c'est elle qui vous soutiendra, c'est elle qui placera sur vos fronts la dernière et la plus durable des couronnes; car, ne l'oubliez jamais, si dans votre âme elle est la raison, dans sa source elle est Dieu.

Pardonnez-moi, mes jeunes amis, l'austérité de ces leçons dans un jour réservé à la joie de vos triomphes. Enfants, vous allez devenir des hommes ; et plus les hommes comptent sur la fortune et l'éclat de leur avenir, plus il faut leur prodiguer les conseils de la prudence, les prémunir contre les enivrements du succès. Venez, il en est temps, recevoir les premières et les plus douces récompenses du travail et de la Sagesse, ces couronnes, les seules ici-bas qui n'aient pas d'épines, ces livres qui contiennent, sous des formes tour à tour sérieuses ou séduisantes, les exemples et les conseils de la Sagesse, et puissiez-vous demeurer fidèles à leurs leçons. Elles continueront celles que nous vous avons données si longtemps, et que nous venons de résumer aujourd'hui avec une affection qui sera l'excuse du long retard que nous infligeons à votre impatience. Aussi bien il est temps de finir : attendre que l'ennui ait gagné ses auditeurs, ne serait-ce pas violer la première et la plus simple règle de la Sagesse ?

IV.

NOTES ET RÉFLEXIONS.

(EXTRAIT.)

Nous avons puisé çà et là, dans nos huit chapitres de *Notes et Réflexions* (1), quelques pensées relatives à la Psychologie ou science de l'âme, et à la Logique qu'on a définie : l'Art de penser. Elles pourront exercer utilement les facultés d'attention et de réflexion qu'on aurait tort de sacrifier à la mémoire, et à son développement exclusif.

I.

— La science de nous-même commence généralement par celle du prochain, et souvent elle s'en tient là. Cette vive pénétration qui démêle

(1) De la Pensée, 3ᵉ partie, *Notes et Réflexions*, un vol. in-12. 140 pages.

chez autrui d'imperceptibles nuances, et jusqu'aux plus légers défauts, est sujette à d'incu-
rables langueurs quand il s'agit de nous analyser
nous-même. On n'a pas assez de force pour des-
cendre en soi ; on en a toujours de reste pour
pénétrer chez les autres. La science de l'âme
serait encore dans l'enfance, si elle n'était que la
science de notre âme.

— Creusez, creusez toujours ; sûrement vous
trouverez le fond, à moins qu'il ne s'agisse de
l'âme humaine.

— Il faut s'aimer soi-même avec un étrange
excès, pour croire qu'ici-bas l'on n'aime que soi.

— On apprend mal dans les livres ce qu'on
peut apprendre et lire en soi-même.

— Les hommes veulent qu'on pense comme
eux : ils savent le prix de la vérité, et qu'elle est
une.

— Le dialogue permanent de nous-même avec
nous-même, et de nous-même avec la voix intérieure peut languir, à certaines heures, au point
de sembler s'éteindre, mais si nous écoutons
bien nous nous assurerons qu'il ne cesse jamais
entièrement.

— « N'y pensez plus ». C'est fort bien dit, mais il ne suffit pas de votre sage conseil, il faudrait que mon âme le voulût bien.

— On comble les vides et on charme les tristesses de la vie, dans la jeunesse par les rêves, plus tard par les souvenirs, en tout temps par la pensée, celle des autres ou la sienne, la lecture ou l'étude.

— Admirable économie de la pensée humaine qui ne cesse point de tenir la vie pour chose courte et fragile, et qui, dans cet instant reconnu fugitif, dispose le présent de mille manières, se souvient avec regret des longues heures perdues dans le passé, multiplie pour l'avenir les projets et les espérances.

— Se posséder soi-même, dans la lumière de l'esprit et la paix du cœur, me semble le bien le plus rare et le plus désirable. Il faut moins qu'une passion violente, moins qu'un grand revers ou une grande douleur, il suffit d'une affaire qui nous inquiète, d'un travail qui nous absorbe, d'une idée fixe, d'une vive image, d'une contradiction, d'un malaise, d'un souffle, d'un rien, pour le ravir au plus grand nombre. Plusieurs ont passé leur vie à défendre leur liberté, celle d'autrui, les libertés publiques, tous les genres de libertés, qui n'ont possédé qu'à de rares intervalles la liberté d'esprit.

— Ni la beauté, ni la raison ne nous appartiennent en propre ; elles sont prêtées, l'une pour un temps et à un petit nombre, l'autre à toute âme humaine. L'aveu tacite, mais formel, de cette dépendance c'est la modestie, sans laquelle ni la beauté n'est toute belle, ni la raison toute raisonnable.

— Partout, dans toutes les bibliothèques, le livre du jour à côté du livre dont le suffrage des siècles garantit la valeur : de même pour les œuvres de l'art. On dirait à première vue que l'agréable et le beau, la curiosité et l'amour de la vérité se partagent le monde : au fond il n'en est rien, car la mode n'a qu'un jour pour chacun de ses favoris, le jour de la vérité revient tous les jours.

— Le plaisir a des degrés en nombre infini : il peut être plus ou moins engagé dans les sens, plus ou moins délicat et pur. Celui du bien accompli au prix d'un pénible sacrifice, celui que procure la contemplation du beau, s'ils ont, dans le principe, quelque liaison avec la matière, à la fin s'en séparent totalement. C'est alors une joie toute spirituelle, et qu'un esprit seul peut sentir. A ce point de délicatesse et de pureté, le plaisir suppose l'âme et la prouve.

— L'espérance et l'inquiétude, le plaisir et la peine ont leur place dans tous nos désirs qui ont leur place dans toute notre vie.

— Il n'est personne qui ne pense du bien de soi ; on pardonne même à ceux qui en disent, quand on les sait très capables de publier, le cas échéant, tout le bien qu'ils savent d'autrui.

— Le bien qu'on dit de soi n'est pas toujours en proportion du bien qu'on en pense. Autant la vanité se dissipe en discours avantageux, autant l'orgueil se concentre et se fortifie dans son silence.

— Notre esprit est si bien nous-même que nous n'osons le louer ouvertement devant d'autres esprits. Mais quelques-uns louent leurs qualités physiques, leurs avantages extérieurs, et l'on se contente de sourire.

— Il y a dans le monde moins de voluptueux que de vaniteux, et moins de gens avides de jouir

que de le faire savoir. Un remède à la brièveté
de nos plaisirs c'est de les prolonger dans l'opinion d'autrui : le luxe produit cet effet. Il serait
plus gênant qu'agréable, s'il ne devait donner au
prochain une haute idée de notre goût, de notre
richesse, de notre bonheur. Voilà ce qui nous
plaît d'abord en lui.

— Au fond, et malgré les apparences contraires, le présent tient peu de place dans notre vie.
Ce qui n'est plus, ce qui n'est pas encore, voilà
l'objet commun des pensées des hommes.

— Plusieurs ont eu toutes les idées de leur
temps, mais pas une pensée qui leur appartînt.

— Se flatter d'être un penseur et ne point
croire en Dieu, c'est se glorifier d'un titre de no-
blesse et le désavouer au même instant.

— Tributaires, à tous les instants de notre vie,
de nos sensations et de nos impressions, serviteurs soumis et charmés de notre imagination,
directeurs assez mal obéis de nos idées et de nos
souvenirs, nous gouvernons d'autant mieux nos
pensées que nous en partageons plus volontiers
l'empire avec Dieu.

— On a beau haïr le moi, jamais on ne le dé-

teste autant qu'il s'aime. Le contraindre de ne
point penser à soi il n'y faut pas songer ; du
moins pourra-t-il s'en taire. Ne l'espérez pas : il
saura se louer jusque dans l'à-propos de son
silence, jusque dans l'éloge d'autrui.

— C'est l'âme entière qui fait la pensée, et la
différence des âmes fait celle des styles. On peut
résumer, sans grand dommage pour elle, la pensée qui viendrait uniquement de l'esprit, l'analyser, l'abréger, et ne lui rien enlever : c'est tout un
de la lire dans l'auteur ou d'après lui. Au contraire tout fait corps, tout est nécessaire dans la
pensée des grands écrivains. En ôter ou en chan-
ger un mot, c'est en altérer le sens, c'est diminuer
leur âme.

— C'est une belle chose que l'âme d'un héros ;
c'est une plus belle chose encore que cette âme
agrandie par un poète tragique : Sophocle, Cor-
neille. De l'union de ces deux âmes dignes l'une
de l'autre il s'est formé comme une âme plus parfaite dont l'historien s'étonne, car il ne la connaît
pas, dont l'humanité s'éprend, malgré l'histoire,
parce qu'elle se reconnaît et s'admire en elle.

— — — —

6

II.

— « Le beau traité qu'on vient d'écrire sur l'art de penser ! Il a plus de mille pages ; les moins accommodants seront forcés de convenir que rien n'y manque. » — Rien, sinon peut-être un peu plus de brièveté, et je ne sais quel art de faire goûter de si arides leçons.

— Le plus bel art de penser et le plus complet ne redressera pas un esprit de travers, et un esprit droit pourrait, à la rigueur, se passer de ses leçons. — A qui servira-t-il donc ? — A tous, aux esprits justes et aux esprits faux, par une connaissance plus exacte qu'ils y puiseront de la nature humaine et, en particulier, de la nature et des lois de l'intelligence. Ce n'est pas, en effet, pour l'ordinaire, telle règle spéciale qui fait qu'on évite tel faux pas, c'est bien plutôt cette connaissance de nous-même qui, peu à peu, affaiblit les mauvaises dispositions du cœur et de l'esprit d'où procèdent presque toutes les erreurs.

L'art de penser, pour être efficace et complet, suppose, dans celui qui enseigne et dans ceux qui étudient, toutes les connaissances et toutes les aptitudes. Il est vrai qu'on peut aussi le résumer en deux lignes : *conduire ses observations et ses pensées par ordre ; s'abstenir de juger dès qu'on cesse d'entendre.* Le bon vouloir fera le reste, car il comprend l'amour de la vérité.

— Quelques-uns s'efforcent de penser et s'étonnent de n'y point réussir : ils appliquent l'effort où il ne faut pas. Qu'ils lisent, qu'ils analysent, qu'ils observent, qu'ils recueillent de partout des idées et des faits, et peut-être un jour, à l'heure que Dieu voudra, ils penseront.

— On demande si tous les hommes pensent, et s'ils pensent toujours. Pour courte que soit la réponse elle dépassera la demande. Les hommes, sans repos et sans exception, pensent au bonheur, rêvent du bonheur, tendent au bonheur, et ils le veulent parfait. Ils pensent donc tous et, avec une conscience plus ou moins claire, ils pensent Dieu.

— Pensée juste, — répond exactement à ce qui est, à un point de vue de l'ordre, se suffit et souvent se renferme en soi. Pensée profonde, —

juste dans son ordre, va au-delà du visible, touche à l'infini, fait penser.

— Il est encore trop matin pour qu'Athénagore puisse penser : son journal d'ailleurs tarde bien à venir. Son esprit ne s'ouvrira, sa pensée ne jaillira que quand elle aura reçu son excitant ordinaire. Qu'aucun ami, qu'aucun parent, qu'aucun client ne vienne consulter Athénagore avant qu'il ait lu son journal : il n'aurait rien à répondre que de vague et d'insignifiant. Ce pain quotidien a failli lui manquer deux jours de suite : il ne restait pas deux idées au fond de l'esprit d'Athénagore. Rendez à Athénagore son esprit, son journal et sa pensée.

— Les esprits étroits demeurent à jamais confinés dans leurs pensées où ils ont pris logis définitif : surtout ne leur parlez pas d'améliorer ou d'agrandir. Les esprits inconstants ne savent que faire et défaire, rapprocher ou séparer, édifier et renverser des pensées aussi mobiles qu'eux-mêmes : ils passent, ils n'habitent pas. Il en est enfin qui, possesseurs d'un logis sortable, ne renoncent pas à l'embellir, et s'inspirent pour cela des plans et des conseils d'autrui.

— Esprit faux : mal qu'on a guéri, dit-on, quel-

quefois, à force de réserve, de silence et d'attention ; esprit étroit : mal incurable. L'un manque
de rectitude qu'on lui peut rendre, du moins en
partie, l'autre de capacité, et personne n'y peut
rien.

— Dans les grands esprits l'unité est en proportion de la richesse : ils ne possèdent pas seulement de rares et belles qualités, il les possèdent dans une parfaite harmonie.

— L'excès de lumière nous aveugle, le défaut
nous empêche de bien voir. Il n'en faut ni trop
ni trop peu pour entendre, et la première condition c'est qu'elle soit proportionnée à la capacité
de notre esprit.

— Du moment qu'il y a deux esprits capables
de s'entendre, il y a un Père de tous les esprits.
Du moment que deux pensées se comprennent et
se jugent l'une l'autre, il y a une Pensée régula-
trice de toutes les pensées.

— Je n'obéis qu'à ma raison : n'ai-je pas assez,
pour me conduire, des lumières de ma raison ? —
Très bien, mais de quelle raison, je vous prie, et
comment cultivée, par quels livres, par quelles
relations de famille et de société ? Est-il une rai-

son si bien faite qu'elle puisse se passer du secours de la raison d'autrui? Peut-on séparer, un
seul instant, de la raison divine la plus parfaite
des raisons humaines? La raison est en nous,
mais n'est pas à nous; nous ne saurions de nous-
mêmes ni l'allumer, ni l'éteindre, mais nous
avons le choix des aliments qui la nourrissent,
qui en diminuent ou en augmentent l'éclat. Plus
ils sont divins, c'est-à-dire faits de vérité et de
beauté, plus brille en nous la lumière divine de la
raison.

— Il manque quelque chose à la plus heureuse
mémoire si elle ne sait rien oublier.

— La mesure n'est point la force, mais elle la
fait durer et l'applique où il convient.

— Plus on a de lumières et de bon vouloir
mieux on est gardé contre l'erreur. Cette règle
sans doute ne suffit point, mais, si on l'oublie, les
livres les plus savants sur la nature et les causes
de l'erreur seront sans utilité.

— Que le bien penser influe sur le bon vouloir,
on l'accorde en général: on est moins disposé à
reconnaître que le bon vouloir puisse quelque
chose en faveur de la pensée. On oublie que le

bon vouloir repose sur un fonds solide de vérités
silencieusement, mais constamment présentes à
l'esprit, et très capables d'attirer à elles ou d'en-
gendrer d'autres vérités. On oublie encore que
rien ne dispose à percevoir le vrai comme le désir
de le posséder, et la ferme résolution de ne lui
opposer aucun obstacle.

— Toutes les pensées du monde, sans en ex-
cepter les plus belles et les plus hautes, ne valent
pas, pour conquérir ou conserver la paix de l'âme,
un acte de bon vouloir. A moins peut-être que
l'acte de bon vouloir ne renferme en soi, comme
en abrégé, toutes les plus belles pensées du
monde et les plus hautes.

— Nier qu'il existe en tout esprit humain,
même le plus lumineux, un point obscur, si petit,
si réduit qu'il soit, c'est le fait d'une extrême in-
dulgence ou d'une extrême ignorance. Le décou-
vrir dans l'esprit des autres n'est point si rare ni
si malaisé ; l'apercevoir en soi est d'un bon
signe, mais pas du tout ordinaire et vraiment difficile.

— Il n'est pas une seule des voies où s'engage
notre pensée qui n'aboutisse à l'Infini. Si bien
peu s'en doutent, c'est que bien peu vont jusqu'au
terme de leur pensée.

— Il est aussi impossible à la pensée humaine de nier Dieu que de le comprendre. Elle serait moins grande si elle n'entendait pas qu'il dépasse infiniment toute grandeur qu'elle peut concevoir.

— Ce qui passe et s'écoule, tout entier, sans retour, ne saura jamais qu'il passe et que quelque chose demeure. Le premier qui a dit : *Tout passe, tout s'écoule,* a affirmé le rapport étroit de sa pensée avec ce qui ne passe point: il a affirmé la raison et Dieu.

— L'attention s'applique aussi bien au dehors qu'au dedans ; le recueillement est pour l'intérieur seul et descend jusqu'au plus intime. L'attention met en œuvre, elle consume les forces que le recueillement répare et qu'il réserve. L'attention fait agir à la fois, et de concert, tous les éléments de la pensée, elle va sans cesse de l'un à l'autre avec une rapidité incroyable ; le recueillement se tient ferme et stable à l'élément primitif ou principal, et par lui il tient tous les autres. Son acte, pour être moins empressé, moins apparent que celui de l'attention n'en est pas moins efficace. Par lui l'âme prend de nouveau possession d'elle-même ; elle retrouve sa paix, si elle l'avait perdue, sa direction si elle s'était égarée, sa puissance d'entendre et de comprendre, si elle s'était épuisée. Par le recueille-

ment elle échappe aux surprises, aux entraîne-
ments passagers, aux séductions de la mode, aux
caprices de l'opinion, elle ne donne pas à l'erreur
qui s'insinuait le temps de l'envahir et de la do-
miner. Pour s'élever, pour durer, pour produire
tous les effets dont elle est capable, il faut que de
temps à autre l'attention se fasse recueillement :
c'est là qu'est son point de départ et son terme.

— Les hommes travaillent, s'agitent, se tour-
mentent, surtout en vue de l'idée que d'autres
hommes auront d'eux. Cette idée d'une idée est
leur grande préoccupation, l'objet de leurs conti-
nuels soucis. Les plus décidés matérialistes ne
sont pas les moins sensibles à l'estime, à la re-
nommée, à la gloire ; ils se nourrissent de ces
idées, ils s'en font un doux spectacle, ils vivent,
quoiqu'ils en aient, dans le monde de l'esprit. Les
hommes sincèrement religieux, les vrais philosophes ne négligent pas non plus les jugements
humains, mais ils demandent d'abord à leur conscience ce que Dieu pense d'eux et de leur vie. La
réponse, si elle leur est favorable, leur tient lieu
de tous les autres jugements et, au besoin, elle
les en console.

— Les hommes qui se comprennent le plus fa-
cilement sont ceux dont l'esprit est parvenu à la

même hauteur, et qui voient des mêmes sommets
les vérités et leur suite. Ce parfait accord est
assez rare, nous n'espérons pas qu'il devienne
jamais universel. Heureusement l'élévation des
sentiments peut suppléer à celle de l'esprit, et le
plus grand nombre en est capable. Où les pensées ne concordent pas, le cœur affaiblit les dis-
sonances, souvent même il les supprime.

TABLE DES MATIÈRES.

—◦◦◦—

I.

MORALE GÉNÉRALE.

II.

MORALE PARTICULIÈRE.

III.

DE LA SAGESSE.

IV.

A LA MÊME LIBRAIRIE,

DU MÊME AUTEUR :

De la Pensée, *Méthode morale,* — *Doctrine et Histoire,* 2me édition (1883), 1 vol. in-12. . 3 (»

De la Pensée, *Notes et Réflexions,* 2me édition (1883), 1 vol. in-12 (140 p.). . . . . 1 »

Ces deux volumes se vendent ensemble ou séparément.

———————

De l'Esprit philosophique (1877), 1 vol. in-12. . . . . 2 »

L'Ombre de Socrate, petits dialogues de philosophie socratique précédés d'un Essai sur le Rire et le Sourire, 2me édit. (1878), 1 vol. in-12. . . . . 3 »

Le Temps et l'Unité de temps, l'Espace et la Matière, 2me édit. (1879), 1 vol. in-12 (88 p.). . . . . » 50

Grenoble. — Imp. Allier.

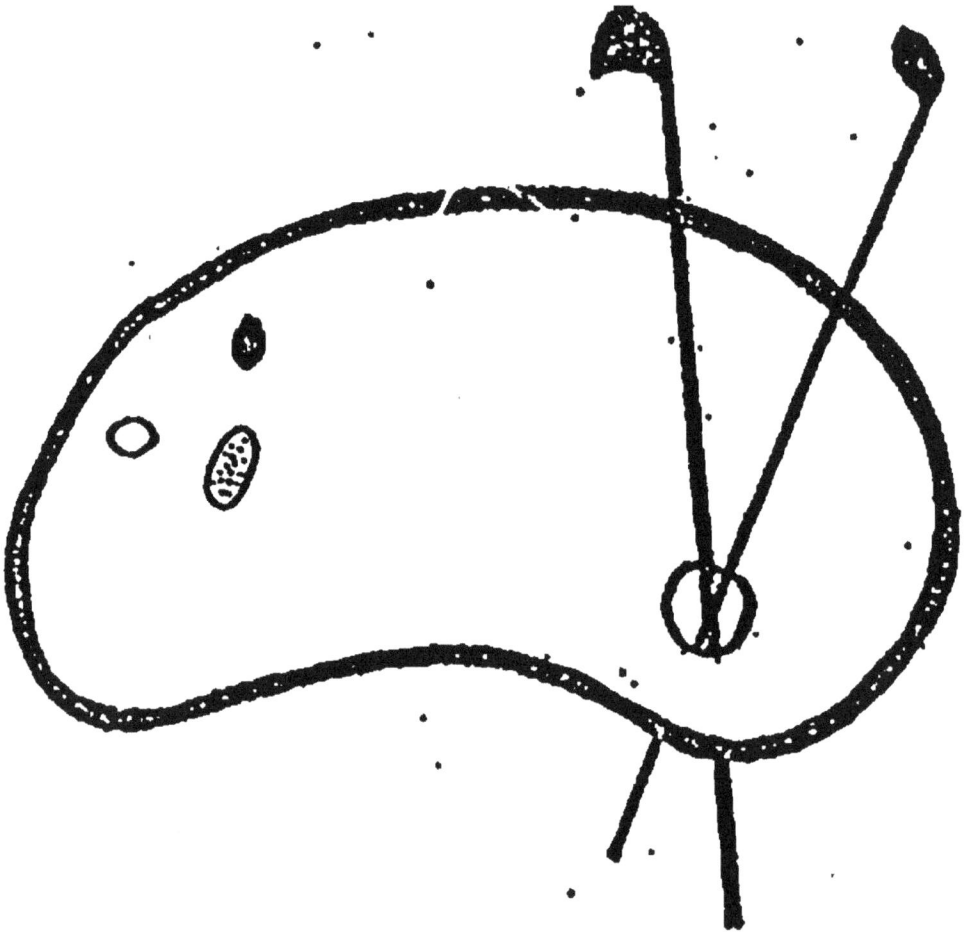

www.ingramcontent.com/pod-product-compliance
Lightning Source LLC
Chambersburg PA
CBHW060637100426

42744CB00008B/1666

9 7 8 2 0 1 2 8 2 7 4 5 5